ARE YOU SMARTER THAN A 5TH GRADER?

ALSO BY JOHN SAMSON

Are You Smarter Than A 5th Grader? Crossword Puzzles

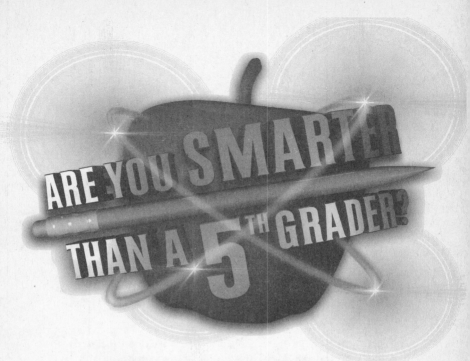

WORD SEARCH

JOHN SAMSON

HARPER

ENTERTAINMENT

An Imprint of HarperCollinsPublishers

HARPER ● **ENTERTAINMENT**

FIRST EDITION

Designed by Laura Kaeppel

Library of Congress Cataloging-in-Publication Data is available upon request.

ISBN 978-0-06-165155-7

08   09   10   11   12   ID/RRD   10   9   8   7   6   5   4   3   2   1

AT THE ZOO

1ST GRADE · ANIMAL SCIENCE

```
C O T O S T R I C H D Z A H V
S E L I D O C O R C B A F G S
T J R V E L L E Z A G E W S T
A M R H Z E B R A O L G H K A
F L O A I P Q M M E X X I S D
R N R L R N O P P E C L P Q T
P A R X A N O H A R Y Z P J I
R L Y G K F A C A N D C O Q G
D L P E E N F E E V D D P D E
W I Y N T F B U Q R H A O A R
I R Z V B R F B B X O U T M B
X O N Z A I N A C K F S A A Z
N G Q L V E O T R K X W M L S
R N O S P E N F V I W I U L B
A P C J U I Z A D W G L S V A
```

BUFFALO

CROCODILE

ELEPHANT

GAZELLE

GIRAFFE

GORILLA

HIPPOPOTAMUS

LLAMA

MONKEY

OSTRICH

PANDA

POLAR BEAR

RHINOCEROS

TIGER

ZEBRA

BIG NUMBERS

1ST GRADE ▪ MATH

4	7	2	4	1	3	7	6	7	3	2	1	3	3
3	4	2	4	7	7	7	3	5	2	9	6	2	1
2	0	0	2	3	9	8	5	2	2	8	7	1	1
1	1	2	1	3	8	5	2	8	3	7	6	6	8
8	4	5	8	3	3	3	2	4	5	2	2	7	7
3	7	9	9	4	2	9	2	2	1	4	9	6	5
1	6	5	7	7	9	0	9	2	6	8	9	7	6
1	9	4	4	3	2	2	9	3	3	0	0	3	9
2	2	6	1	2	3	9	3	6	1	9	4	6	0
9	0	9	9	4	2	0	3	3	9	0	3	1	1
6	5	3	2	5	4	4	4	2	0	1	3	0	6
7	3	7	3	6	9	2	3	2	1	1	9	3	4
4	2	7	8	0	7	5	4	8	8	2	2	5	5
1	7	9	0	1	3	3	2	1	8	9	4	6	9

1033294	6459520
2967410	7673142
3118756	7735299
3218946	8241806
4339220	8974192
4383223	9013427
5228845	9933227
5283766	

Are You Smarter Than A 5th Grader?

CRAYON COLORS

1ST GRADE ▪ ART

```
L A S E R L E M O N V K J F M
G O L D Y L A D I H C R O O D
R E E S W N A V S I J Q Z E J
O B Z W X E M V C I O S R B A
Y E M R T E A J E E L K A E G
A G D J T R G L W N C V U N P
L N X Q K G E C Q I D L E N X
P A M M E E N M R J B E O R X
U R R H P N T B V L I O R U T
R O S K D I A R A M R E G Y O
P M T N V P M E H A K K R V S
L E E K M U T V M I K L Y F Y
E L N G F J W M N C D P V F M
I O Y U D V M R S U N G L O W
R N J O G N I M A L F K N I P
```

BRICK RED	ORCHID
GOLD	PINE GREEN
LASER LEMON	PINK FLAMINGO
LAVENDER	ROYAL PURPLE
MAGENTA	SILVER
MAROON	SUNGLOW
MELON	TEAL BLUE
ORANGE	

DOUBLE UP

```
E T E N F T W E L T H I R
V S I X T E E N T W E N E
T T H I R T Y T S I X T E
W I F O R T Y T W E N T Y
E O N E H U N D R E D T T
L Y E E N E F N S I X W W
V Y F I I I O I T F S E E
E F O G N G U N T T I L N
T O R H E H R E W W X S I
F U S N F T T T E O T I N
O R I I O E E Y T T Y X Y
R T X N R E E T E N I N E
T T H I R N N W T W E N E
```

1) one doubled = _____
2) fifteen doubled = _____
3) forty-five doubled = _____
4) fifty doubled = _____
5) five doubled = _____
6) six doubled = _____
7) seven doubled = _____
8) eight doubled = _____
9) nine doubled = _____
10) ten doubled = _____
11) twenty doubled = _____
12) thirty doubled = _____

FLOWERS

```
M  E  L  S  V  H  R  R  B  T  E  L  O  I  V
G  E  R  A  N  I  U  M  L  B  M  T  B  V  Q
S  B  E  G  O  N  I  A  A  A  F  C  N  R  C
M  A  R  I  G  O  L  D  C  D  S  H  R  N  A
R  X  T  D  K  X  V  M  K  Q  A  T  Q  I  R
S  B  I  O  B  I  K  F  E  X  A  I  E  R  N
U  P  G  N  R  Q  P  H  Y  I  C  D  S  R  A
N  P  E  P  O  U  M  E  E  Y  K  M  U  Y  T
F  J  R  O  Q  N  S  H  D  T  G  Z  U  V  I
L  O  L  A  G  O  A  P  S  O  U  L  A  X  O
O  Z  I  S  R  X  R  L  U  Z  R  L  T  I  N
W  E  L  D  R  Y  Q  C  S  O  L  C  I  R  Y
E  O  Y  Z  W  G  Z  V  A  V  F  W  H  P  G
R  J  A  I  N  N  I  Z  N  L  R  S  Z  I  U
F  L  H  S  N  A  P  D  R  A  G  O  N  L  D
```

ASTER	ROSE
BEGONIA	SNAPDRAGON
BLACK-EYED SUSAN	SUNFLOWER
CARNATION	TIGER LILY
DAISY	TULIP
GERANIUM	VIOLET
MARIGOLD	ZINNIA
ORCHID	

HALLOWEEN

```
H A U N T E D H O U S E W
U T O H O P H C T I W T L
M A R E B E W R E D I P S
U L J I D M Y V X K W P G
H U S V C F T Z G O H C O
B C E N M K Y S R L O U B
L A M K I B O C O S H Y L
A R Q S B K E R T H E D I
C D T A P R P U T C G N N
K A T H A O M M D R C A H
C R H C H E O P U D E C E
A Y S D B O O K E P K A K
T J J P C W Z S Y J Z K T
```

BAT	HAUNTED HOUSE
BLACK CAT	PUMPKIN
BOO	SCARECROW
CANDY	SPIDER WEB
COSTUME	SPOOKY
DRACULA	TRICK OR TREAT
GHOST	WITCH
GOBLIN	

Are You Smarter Than A 5th Grader?

HOLIDAYS

1st Grade • Social Studies

```
V C I N C O D E M A Y O P Z F
D A V H X R C H R I S T M A S
Y X L X A F H Q E N T G Y P Q
A E N E X L E D A R N X A M J
D A Z N N T L A P I U H D O L
S S M M O T Z O V Y A S S T A
R T T O I N I I W K X N R H B
A E N U A N G N K E P P E E O
E R A W Q S L U E I E B H R R
Y Q K E K B N O T S O N T S D
W X P N D A X F O N D R A D A
E Q A G H C N P Q I B A F A Y
N H C A R N I V A L M P Y Y T
T F E Y L U J F O H T R U O F
P S M Y R U P P I K M O Y F E
```

CARNIVAL
CHRISTMAS
CINCO DE MAYO
EASTER
FATHER'S DAY
FOURTH OF JULY
HALLOWEEN
HANUKKAH

KWANZAA
LABOR DAY
MOTHER'S DAY
NEW YEAR'S DAY
THANKSGIVING
VALENTINE'S DAY
YOM KIPPUR

INSTRUMENTS

```
H R A T I U G Y P U P J R S E
L K S N A R E D R U M C D L P
R B T D U Y T R H Y D W E P I
R B W P L Q H X N J L I D T C
T O T R U M P E T O P J O T C
E W A S O S S I P S U N B R O
N E X L P B H A N F A Z Y O L
I N Q W C K A E X I V N E M O
R O M P P E K S P O I U B B Q
A H B R W C L R S L P G T O C
L P X V O E F L O O R H M N L
C O T L C P F I O O O J O E I
W L G X W M V C P T N N A N U
E Y J C N R O H H C N E R F E
E X J G L Q C G G N N A G R O
```

BASSOON	PICCOLO
CELLO	SAXOPHONE
CLARINET	SNARE DRUM
FRENCH HORN	TROMBONE
GLOCKENSPIEL	TRUMPET
GUITAR	VIOLIN
ORGAN	XYLOPHONE
PIANO	

PRESIDENTS

```
Z C C L I N T O N T G X F T I
B G A R T C Y U S Y I H J A S
X T Z R S J C E U F R A O Y V
L D G T T E X N M E C R H D L
Y J Q E X E L R W C M R N E J
C K E R R O R O Z O O Y A N R
U L W F C A H L D N N T D N T
E B V N F N L L A L R R A E L
N R I P E E A D H E O U M K E
O L K S L M R S F J E M S B V
S W I O N D U S F O B A M J E
N E C F Y B O V O H R N G H S
H M I F Q K O Y T N R D S H O
O W T M A D I S O N V K U C O
J A F N W A S H I N G T O N R
```

BUSH	JOHNSON
CARTER	KENNEDY
CLINTON	LINCOLN
EISENHOWER	MADISON
GERALD FORD	MONROE
HARRY TRUMAN	ROOSEVELT
JEFFERSON	WASHINGTON
JOHN ADAMS	

SPORTS

```
J Y E K C O H E C I B V Q S M
A V S I N N E T S P G E F N D
V X S W I M M I N G B L L O Z
V G N O H T A R A M N L R W D
T F O O T B A L L K A W O B B
L X J H H F R W B B M C J O A
U L R W G O L F T C P T G A S
A A A J R O N E C Q T P N R E
V K K C Y E K B B N M P I D B
E R D Z R S S D D U H M T I A
L E K M A O S T J F K J A N L
O C T B M V S H L S T E K G L
P C Z N M S G S P I M Y S V G
F O Y R F I D K E U N X V Q V
S S D F H C T W M N Y G Q I C
```

BASEBALL

BASKETBALL

FOOTBALL

GOLF

HIGH JUMP

ICE HOCKEY

LACROSSE

MARATHON

POLE VAULT

SKATING

SNOWBOARDING

SOCCER

SWIMMING

TENNIS

WRESTLING

TICK-TOCK

```
A Q V J I D N O C E S C F V I
F R T U D X F N W A W X Y E A
T Z Q J Q W E Q T H P F A D I
E T M U I N N E L L I M D A H
R A O H I H R G W H C B R C T
N V Z M Q M N T T W K A E E N
O F L P O I I H O C H E T D O
O B D V N R G N L D E Q S Q M
N D H E D I R D U T A G E L M
I T V R N X X O D T E Y Y U O
R E Q D Z Z X N W P E H J B R
Z R I S I C I C E N T U R Y N
Y M T F O R T N I G H T G Y I
B K W O P K I G R O O V Q D N
S Z B H O U R L A H R T Z Y G
```

AFTERNOON
CENTURY
DECADE
EVENING
FORTNIGHT
HOUR
MIDNIGHT
MILLENNIUM

MINUTE
MONTH
MORNING
SECOND
TODAY
TOMORROW
YESTERDAY

BIRDS

```
R C S V H B C J Y M I X H B U
O B X C B U P O P E L I C A N
B L V B W P M U C R U W K J I
I U T L V E P M A K O T H W Q
N X C U F J Q T I R A C I T J
F P N E L V U D R N I T R D J
U G B J A N P A R G E O Q C
D O E A M X P A T I K B P O A
G L Y Y I S M S R C G L I V V
F D S L N R O T E R E E M R C
D F I N G B Q P Z I O Q O K D
B I C L O R D T U A N T N N P
I N M H J O G P A R A K E E T
O C T G O M E A D O W L A R K
P H K W C A N A R Y J T Y T X
```

BLUE JAY	PARAKEET
CANARY	PARROT
COCKATOO	PELICAN
FLAMINGO	PIGEON
GOLDFINCH	ROBIN
HUMMINGBIRD	SPARROW
MEADOWLARK	WOODPECKER
OSTRICH	

WHAT AM I?

```
F K C O W G Z I R H P B Q
D G J Q O T R O O S T E R
O C V D E F F Q A L A T D
N A I W U K T U W X I E M
K T X C W A T U B H S O P
E T A R H O X E Q R K V N
Y C L R B I K D O D G N H
D Q R Q E A C H Y U O K B
C E C O N L C K R C O X N
G W P S W Z E A E K S D K
U E P I G W F Y Y N E M L
Z V T H L L L N R A D W I
L M J K S H E E P J O J V
```

BARK

MEOW

QUACK

OINK

BAA

MOO

COCK-A-DOODLE-DOO

HISS

HONK

CAW

HOOT

NEIGH

ROAR

CLUCK

HEE-HAW

ADDITION

2ND GRADE ▪ MATH

2	6	7	7	8	0	2	0	9
9	0	1	1	2	5	9	2	2
6	2	0	1	2	2	2	0	8
0	6	8	8	0	7	1	8	0
2	2	5	6	7	3	2	6	6
5	9	2	5	0	1	6	5	9
4	9	1	0	4	0	0	2	3
2	5	6	6	8	8	5	0	6
2	4	9	2	0	2	4	2	2

1) 5021 + 2001 = _____

2) 2107 + 1001 = _____

3) 3245 + 2050 = _____

4) 4800 + 1325 = _____

5) 6080 + 1008 = _____

6) 3200 + 3001 = _____

7) 8002 + 1200 = _____

8) 7211 + 2001 = _____

9) 3001 + 3053 = _____

10) 1328 + 1240 = _____

BASEBALL

```
D O U B L E P L A Y T Y G W L
Z D B A T T E R U P U W N U S
Z R X H M J B I A E F N I N T
K E N T R I P L E D O B L J R
D G C I R O S Z L P U D A U I
O A R I N G E E D H L H E M K
J N Y P O T I Z A M B I T P E
M A A D I F H H U O A G S I S
W M T M T T N I O U L A L R X
B O M U C J C B N M L I O E P
H N O Q C D A H A N E X D A D
K R A P L L A B E P I R T G T
E S A B T S R I F R M N U O H
G J L G U O P I C T W G N Y
Y B H V J J B R S O V W L I C
```

BALLPARK

BATTER UP

DOUBLE PLAY

FIRST BASE

FOUL BALL

HOME RUN

HOT DOGS

MANAGER

NINTH INNING

OUTFIELD

PITCHER

STEALING

STRIKES

TRIPLE

UMPIRE

CATS

```
J F E I T V O R Z S F N E L Z
I Z C A C C E R H M L S Q I D
E X B M E H U F M A R Y V P U
Q B B L T O J A N V T E N G P
Y H O N C Z B Q C R C E G X T
C T A I T Q S K P Q G L E I O
L P L N O I L V C G P E M H T
J A R P E R S I A N R O S G C
C V M U J G X C A A H P L E Y
T D G M O W W H O P R A E S M
L S A N G O R A P U H R T E A
J E E R I H S E H C G D Y M N
G R M Z V Y H B X A J A O A X
E X W F T S E A Z H G M R I B
A X G L Q G V Z E E L H D S S
```

ANGORA

CALICO

CHEETAH

CHESHIRE

COUGAR

LEOPARD

LION

LYNX

MANX

OCELOT

PANTHER

PERSIAN

SIAMESE

TABBY

TIGER

DO THE MATH

1	1	6	1	0	3	1	7	1
4	4	4	0	2	2	8	5	9
2	2	0	5	7	9	0	3	3
6	1	2	5	2	9	9	3	6
3	0	5	4	5	0	7	7	5
2	2	2	5	5	3	0	1	2
0	9	5	4	0	2	0	0	2
2	5	3	7	0	7	3	2	4
1	2	4	2	5	2	1	1	4

Addition:

1. $1001 + 1001$ = _____
2. $1270 + 1151$ = _____
3. $2450 + 1075$ = _____
4. $4800 + 1325$ = _____
5. $7008 + 6008$ = _____

Subtraction:

6. $3200 - 1264$ = _____
7. $3963 - 1238$ = _____
8. $2311 - 1011$ = _____
9. $8000 - 3453$ = _____
10. $9328 - 1420$ = _____

DOGS

2ND GRADE ▪ ANIMAL SCIENCE

```
I  B  L  Y  C  Y  Z  F  C  A  J  P  E  W  O
I  U  B  L  L  U  B  T  I  P  L  M  J  C  D
Y  O  T  T  P  C  H  I  H  U  A  H  U  A  A
D  A  C  H  S  H  U  N  D  F  S  G  Y  O  L
Z  G  Q  U  Q  J  B  C  D  S  S  U  K  K  M
Z  F  M  B  J  U  G  N  W  P  X  P  S  C  A
H  E  O  D  L  D  U  O  R  U  H  T  U  X  T
R  X  N  L  Y  O  D  K  H  U  G  U  H  F  I
I  O  D  A  H  D  R  A  N  R  E  B  T  S  A
Y  O  D  Y  D  T  B  F  B  C  L  P  Y  C  N
G  V  E  A  A  T  F  E  E  O  O  I  F  O  J
T  R  X  F  R  C  A  Q  A  O  X  O  R  L  G
G  A  K  V  M  B  G  E  D  G  C  E  B  L  V
I  M  R  K  D  J  A  L  R  T  L  B  R  I  N
T  J  T  T  J  Z  E  L  T  G  R  E  Z  E  B
```

BEAGLE	GREYHOUND
BOXER	HUSKY
BULLDOG	LABRADOR
CHIHUAHUA	PIT BULL
COLLIE	POODLE
DACHSHUND	PUG
DALMATIAN	ST. BERNARD
GREAT DANE	

EUROPE

2ND GRADE ▪ WORLD GEOGRAPHY

```
L V N S Y A W R O N F P U C V
I D I P F M S D S W K G K P V
O E Q G J D W N G N M Q S N U
R N R Y E T I A P R E I E E F
A M S O C N T L M S E D W Y I
W A B E N F Z O F U E N D T T
Y R T C A O E P I W V A C S A
R K J I R S R U S R M J S E L
A A N D F Z L G X R E R J Z Y
G N I A P S A S E E I L Q M P
N M G L Y J N G F G G R A N R
U I Q C Y G D M P O Q E Y N J
H C F W F Y E N G L A N D T D
V D X K A P O R T U G A L I O
V D N A L N I F X V H P V D X
```

DENMARK	ITALY
ENGLAND	NORWAY
FINLAND	POLAND
FRANCE	PORTUGAL
GERMANY	SPAIN
GREECE	SWEDEN.
HUNGARY	SWITZERLAND
IRELAND	

OUTER SPACE

2ND GRADE ▪ EARTH SCIENCE

```
N C O N S T E L L A T I O N L
N Q T J K H V C F J M M H I A
I H E V U S U N E V P I T N S
T S F T X P V V A X G L I O U
Z C O M E T I V M Y M K K O N
N B G D B F O T R Q J Y D M A
F K L O D N S U E U I W W M R
O V L A R T C W R R E A V E U
M H N E C R F K T K N Y Q T V
R A P B E K I D B D U G O E Q
R U R M A O H B I Q T A K O L
S C I S A K H O K G P L S R Y
K A H W G A H D L F E A H N L
D N S A T U R N N E N X W E T
D I O R E T S A H E B Y J B L
```

ASTEROID	MILKY WAY GALAXY
BLACK HOLE	MOON
COMET	NEPTUNE
CONSTELLATION	SATURN
JUPITER	SUPERNOVA
MARS	URANUS
MERCURY	VENUS
METEOR	

INVENTORS

```
Y I G H J K X E U D I E R E J
E N H U W A N B N F N Y K D E
N O M U T R M A E I H T N N F
T C S B N E L E L L X C O E F
I R G T D N N K S S L W S W E
H A X X I B N B A W C M I T R
W M G W O A X O E F A T D O S
I C D G R Y L D U R Z T E N O
L E E F X V V I L K G G T B N
E G N N I K O L A T E S L A S
X E B X F M W P A S C A L S G
B A W T M V T R V V C X Z Q S
E Y E S R O M L E U M A S P H
P Q L M O D O H N S B U W Q J
R A E Y D O O G M B S I T O M
```

BELL	JEFFERSON
BEN FRANKLIN	MARCONI
EDISON	NEWTON
EDWIN LAND	NIKOLA TESLA
ELI WHITNEY	OTIS
GOODYEAR	PASCAL
GUTENBERG	SAMUEL MORSE
JAMES WATT	

SUMMING-UP

2ND GRADE ▪ MATH

7	4	9	7	6	3	8	2	6
7	2	1	4	9	2	1	3	6
9	3	2	6	5	3	9	7	5
9	2	3	9	9	4	9	2	9
9	9	7	1	9	6	8	8	2
8	8	4	8	6	5	9	5	6
4	5	9	4	4	1	5	6	6
1	6	6	1	5	9	9	2	8
2	5	5	6	7	5	9	5	5

1) 1987 + 3278 = _____

2) 3653 + 2886 = _____

3) 4218 + 2664 = _____

4) 5211 + 2335 = _____

5) 4321 + 2338 = _____

6) 5563 + 1231 = _____

7) 8832 + 1009 = _____

8) 2744 + 2451 = _____

9) 6641 + 3291 = _____

10) 1797 + 1332 = _____

Are You Smarter Than A 5th Grader?

SPELLING BEE

```
N  B  Y  E  G  U  A  G  F  Y  W  W  M  R  Z
M  C  C  Z  V  U  B  P  E  E  F  X  B  W  A
S  D  N  E  M  M  O  C  E  R  V  M  F  N  I
U  D  K  B  J  S  E  R  G  E  A  N  T  W  Q
E  T  U  Z  T  R  K  O  M  O  C  S  P  E  D
S  E  I  W  G  U  N  T  I  L  A  U  F  M  W
H  X  T  K  U  F  M  L  T  N  L  O  K  Y  G
P  R  T  N  G  B  L  J  E  F  E  R  L  H  N
W  L  A  I  A  E  I  F  P  N  O  T  R  F
R  E  P  Y  P  R  G  L  R  T  D  M  R  X  D
L  I  A  S  R  H  A  E  I  U  A  U  I  R  I
D  G  S  T  B  E  C  U  T  E  R  H  I  F  Y
V  I  D  O  H  E  I  F  G  V  V  E  K  C  D
M  U  R  Z  D  E  K  F  A  W  W  E  D  V  I
X  B  K  E  W  Q  R  D  M  R  L  Q  I  D  E
```

BELIEVE	PRECEDE
CALENDAR	RECOMMEND
FIERY	RHYME
GAUGE	SERGEANT
GUARANTEE	UNTIL
HUMOROUS	WEATHER
MISSPELL	WEIRD
NEIGHBOR	

STATES

```
I R O H A D I X T M Y C H K X
L U T H G S C W S E Q H W B E
L P D X Q J E R A M A B A L A
I E S A S N A K R A X K U N F
N R C D C A L I F O R N I A Q
O A O O I M R H H C X J E E O
I W A Y N W Z K P F L C F D K
S A W G F N A I W D A B A G A
Z L O E E N E Y Z K C R B A H
U E I J A O N C S Q O L J D H
Z D L I U F R A T L K G E I A
W L D F Y A L G O I M N H R W
M N K L E A N C I I C H W O A
I Q F X Y S F B K A U U N L I
N A R I Z O N A H L G N T F I
```

ALABAMA	FLORIDA
ALASKA	GEORGIA
ARIZONA	HAWAII
ARKANSAS	IDAHO
CALIFORNIA	ILLINOIS
COLORADO	INDIANA
CONNECTICUT	IOWA
DELAWARE	

Are You Smarter Than A 5th Grader?

SUBTRACTION

2ND GRADE ▪ MATH

7	0	0	7	7	4	5	2	5
4	1	5	9	7	5	5	3	5
2	2	0	8	1	7	0	1	0
0	8	0	9	0	0	3	9	5
8	9	0	5	0	0	0	9	0
7	7	9	6	5	2	0	0	0
1	8	5	0	5	0	8	0	5
2	0	9	0	4	4	2	5	9
7	8	6	0	1	8	7	1	1

1) 7521 - 1001 = _____
2) 4210 - 2509 = _____
3) 5345 - 1255 = _____
4) 8660 - 4135 = _____
5) 9997 - 2008 = _____

6) 8340 - 3331 = _____
7) 9002 - 1020 = _____
8) 7331 - 2301 = _____
9) 6111 - 1053 = _____
10) 9328 - 1222 = _____

VEGGIES

2ND GRADE ▪ PLANT SCIENCE

```
R R R U Q F D Z T M T U A S Y
A A F C A B B A G E X V K N B
B W D X J O G Y M C O S A A C
I E P I T M W J X E A R S E H
U F E A S A V L D E E P P B E
D R M T H H T V P W P U A I D
R O S S S T I X O N V I R V H
T T Q X L M E L P R V L A H M
C C U K M E F U Z L M O G C O
A R A N Y I T K L C C C U X O
R R S F L K I T V H L C S A T
R A H U N R Q J U P K O B V A
O H A T U R N I P C P R V V T
T C Q J K M C Q Y E E B Q F O
X Q C O Y L H U X Q C O R N P
```

ASPARAGUS	LETTUCE
BEANS	PEAS
BEETS	POTATO
BROCCOLI	RADISH
CABBAGE	SQUASH
CARROT	TOMATO
CAULIFLOWER	TURNIP
CORN	

Are You Smarter Than A 5th Grader?

COMPOSERS

```
V L M Z L R Z S Z J R N Q I C
V N E B C W H H A Y D N T F H
T E N M F T R A Z O M Z J V O
X V D F X E J A B I S K R D P
R O E K O N X S M I N R P R I
E H L Q Y E V T L N W J J D N
L T S A Y K S V O K I A H C T
H E S P M Q Y S R F S P R W F
A E O F R S S X C B S E E X K
M B H F S S N E H H R A W S M
F X N U U R Y P C S U A X J U
P Q B A T V Z W A V U M H F I
T E R X N G E B B H C H A M O
D T Y S T R A V I N S K Y N S
S V H V H A N D E L M R D A N
```

BACH
BEETHOVEN
BRAHMS
CHOPIN
DEBUSSY
HANDEL
HAYDN
LISZT

MAHLER
MENDELSSOHN
MOZART
SCHUMANN
STRAUSS
STRAVINSKY
TCHAIKOVSKY

DO MORE MATH

2	2	7	5	4	9	4	2
1	5	7	0	6	1	4	2
1	5	6	4	8	9	6	5
1	4	4	9	8	2	0	9
6	7	1	9	6	8	2	0
0	0	1	4	5	5	4	8
2	1	8	5	8	4	0	8
1	5	8	0	9	5	9	9

Multiplication:

1. $12 \times 12 =$ _____
2. $13 \times 13 =$ _____
3. $14 \times 14 =$ _____
4. $15 \times 15 =$ _____
5. $16 \times 16 =$ _____

Division:

6. $23,400 \div 52 =$ _____
7. $37,700 \div 50 =$ _____
8. $35,352 \div 36 =$ _____
9. $81,000 \div 90 =$ _____
10. $68,320 \div 80 =$ _____

FRUIT SALAD

3RD GRADE ▪ PLANT SCIENCE

```
P A K V O R Q I Y P L U M S H
V T P T I U R F E P A R G E N
B B S R Z L D G U X Y K G P I
A M M K I A J B S Q O N R D L
N H P V I C M A B E A E T U J
A A V E S W O S L R S G S H F
N N O N T H I T O C B U J I T
A O U I R W A T E R M E L O N
K M B R A C M S Y D E M Z V E
N E T E W V H W H C A E P L C
T L L G B U B E J I F C P I N
H E P N E H O O R L G P D R T
L O T A R Y J F R R A Z A F D
M P K T R F E M I L Y E M R U
H H K S Y J K D C G P Z I I Y
```

Unscramble the words and circle them in the puzzle.

PEAPL   OGANRE

CROPITA   ACHPE

NAABNA   ARPE

RCYREH   PLMU

RUERTFIAGP   RRWAERSTYB

WKII   IRANNEETG

EMLNO   AOMLERWNET

MLIE

GRAMMAR TERMS

```
F W E Z S N U O N F W T O Y T
P N N O I T C A R T N O C C A
R O M Q E A R O J M O W E E D
E L Z P U S D S D S M J K C J
P O I O K E A V Z J B R K N E
O C Q E O M S N E O L I A E C
S I J V M Y U T T R K N D T T
I M C O E O G C I B B N V N I
T E C J N V E U K O T Z R E V
I S S O D R R L O M N E S S E
O T R F I J S B R E V M N S T
N P P D Y I U D A W I E A S P
M Y N B M O D I F I E R E R E
C O N J U N C T I O N R O I K
K B I P N O Y Y P B K G W E U
```

ADJECTIVE	PREPOSITION
ADVERB	PRONOUN
COMMA	QUESTION MARK
CONJUNCTION	SEMICOLON
CONTRACTION	SENTENCE
DIRECT OBJECT	TENSE
MODIFIER	VERBS
NOUNS	

BASKETBALL

```
P W M N P G T C W U Z P G H U
K A N S Q Y D U G N I S S A P
S R X W Y R R E R N A M Y L P
K N U D M A L S V N K D M U D
F O U L S H O T R Z O F S N B
G P O I N T G U A R D V U L A
R V H J O G E D F V V O E Y S
E S K L M L F R C K B D L R K
T F Q T B X R A F E S R V Z E
N Q E B S N E O R O C P F T T
E N I U W N F B V C R E F T B
C R Z K I T E K N X O W T F A
D Y P B S S R C K Y F A A U L
U F S W H F E A K F N X C R L
J S R W B A E B S G J U T H D
```

BACKBOARD	PASSING
BASKETBALL	POINT GUARD
CENTER	REBOUND
COACH	REFEREE
DRIBBLE	SLAM DUNK
FORWARD	SWISH
FOUL SHOT	TURNOVER
NET	

LANDMARKS

```
Y N S L L A F A R A G A I N N
I T G R E A T W A L L F E I E
M G R T B M S B E S S Q L K I
P A E E K R L B D L N W D F F
N G T W B F C I U O Z M E C F
O T L T E I M J Y E T N E O E
N K A B E A L N J R B T N L L
E N X J R R A F U K R V E O T
H Y E Y M C H S O P N H C S O
T E P B D A H O A E J B A S W
R C A N G M H D R A U B P E E
A A A T O I J A R N R T S U R
P R V R A T B P L I Q P A M Q
G C E S T O N E H E N G E T F
V N S X Z V X N I H P S W O S
```

BIG BEN

COLOSSEUM

EIFFEL TOWER

GRAND CANYON

GREAT WALL

MATTERHORN

MT. RUSHMORE

NIAGARA FALLS

PARTHENON

PYRAMIDS

SPACE NEEDLE

SPHINX

STATUE OF LIBERTY

STONEHENGE

TAJ MAHAL

PAINTERS

```
C P L P R K V A N G O G H R C
E M B O Y A L P L Z Q H R Q L
E O I B H X P P Z Y R E N S L
H W B C L R J H B J M Q E C M
G I E G H R A E A B R S H R V
U N S R Q E H W R E O U E E F
O S V H T T L A Y M L N O S V
R L D T E E N A A D O B W S P
O O W Y R D N M N I N H H I M
B W W E T V D A R G R A L T U
S H S Y E N P Z M G E S M A P
N O X Y A H D K C C L L Z M H
I M Z R O S S A C I P Y O U N
A E G S B Z Z L E O N A R D O
G R T T A S S A C Y R A M G F
```

ANDY WARHOL

GAINSBOROUGH

GRANDMA MOSES

LEONARDO

MANET

MARY CASSATT

MATISSE

MICHELANGELO

PICASSO

RAPHAEL

REMBRANDT

RENOIR

VAN GOGH

WINSLOW HOMER

WYETH

SPELLING BEE

```
G X L Q R G X P P N E P R C L
D T N O I L I V A P R H S I L
M O C C U R R E D E O C L G S
P W G N I I K S K F M N U A M
C O U N S E L O R U O F O R F
A I X W X U F E R I H H M E U
U S O E I C J E P B P V T T M
T J P F O D L R E C O O S T U
Z V S O M I I L R G S E P E U
C Z L H G V C A D H O W R J C
Y L P I I S G S D T A E A S A
Y P B L U G O M A D G F I O V
V L E M E S G T E B M B R C I
E G W B M V O H J H F R I O K
E Y E G J P S C A R Y A E Z B
```

BEGGAR

CIGARETTE

COOLLY

COUNSELOR

ELIGIBLE

MUSCLE

OCCURRED

PAVILION

POTATOES

PRAIRIE

PRIVILEGE

SCARY

SKIING

SOPHOMORE

VACUUM

U.S. AUTHORS

```
Z A G J R C U P G V Z N Q R T
N I A W T K R A M B K W I G H
F U Y Y S D N A R N Y A Z E O
R R E N K L U A F A N W K H M
C O O P E R C B H E I P B Q A
L G I T H O R E A U I T D W S
T O N I M O R R I S O N O Y W
T H M G C I K S M S I L M A O
S U V I J R A X I M L W E W L
W K G O T L I R S E R W L G F
U B L E I C U C B R M S V N E
T V P N N N H L H H Z D I I T
M X G K O N U E M T X V L M N
E E I E D A O Y L W O T L E S
R X L O S R A V S L W N E H U
```

AYN RAND

COOPER

CRICHTON

FAULKNER

HEMINGWAY

LEON URIS

MARK TWAIN

MELVILLE

MITCHELL

SALINGER

SAUL BELLOW

THOMAS WOLFE

THOREAU

TONI MORRISON

VONNEGUT

WEATHER

3RD GRADE ▪ EARTH SCIENCE

```
D R A Z Z I L B T H U N D E R
R K M E R U T A R E P M E T I
L V G H X D H H R V F Q V Q O
L I A H Y V E U E A T F Z D S
P Z M N Q A A R N A N Q A D T
K B N W Z I T R B Q J N X D S
H U A P M M W I H N R L D L A
S U P R H Y A C P O G X L N C
S K M S O G V A T Q X A G K R
A J W I Q M E N I A F D S Y E
U Y I V D V E O N W R D D V
D M A W R I F T I A D U U N O
S P L E Q T T A E N T S O I G
O I J N I F R Y O R F Q L W C
B L I G H T N I N G B Z C B J
```

BAROMETER	OVERCAST
BLIZZARD	RAINFALL
CLOUDS	SUNNY
HAIL	TEMPERATURE
HEAT WAVE	THUNDER
HUMIDITY	TORNADO
HURRICANE	WINDY
LIGHTNING	

WONDERLAND

```
P Y K C O W R E B B A J L E I
K R X W H I T E R A B B I T L
R N C K E E D E L D E E W T T
A T A D L J N Y R V M I L A H
L M W V S O D O D V B B C T A
L O E V E A B K D L X E I W N
I C R T Y O C S B Q R Z E E I
P K A T E X F U M I U S B E D
R T H V N A S H H R U U K D A
E U H A C X P S E O B Y Z L S
T R C L L S E A M A C I F E J
A T R I Q H D R R K R G B D U
C L A C C O O F L T X T B U L
P E M E A D G V W N Y O S M G
N M A D H A T T E R Y C N E N
```

ALICE
CATERPILLAR
CHESHIRE CAT
DINAH
DODO
DORMOUSE
JABBERWOCKY
KNAVE OF HEARTS

MAD HATTER
MARCH HARE
MOCK TURTLE
TEA PARTY
TWEEDLEDEE
TWEEDLEDUM
WHITE RABBIT

CIVIL WAR

```
Z E E L E T R E B O R P C S Y
A G E T T Y S B U R G O X I S
V S A S S A N A M J N W F V P
V L S G R A N T E F T M O A Z
Q A P R Z O M W E L E Q R D S
R G A O A C M D C R D I T N H
N I K P Y B E B R T Y Q S O E
L T N Y P R D I O M A F U S R
O V X R A O M N R I N U M R M
C F T C O A M A A U Q S T E A
N Q Y Z C T N A R S V H E F N
I X P K V O I L T E R R R F M
L U O F I V L N K T A A R E Q
E A G N W U M B O X O O T J D
A O U E B Z O T E M X X K S R
```

APPOMATTOX

BULL RUN

CONFEDERACY

FORT SUMTER

GETTYSBURG

GRANT

JEFFERSON DAVIS

LINCOLN

MANASSAS

MERRIMACK

MONITOR

ROBERT E. LEE

SHERMAN

STARS AND BARS

UNION ARMY

EXTINCT ANIMALS

4TH GRADE ▪ ANIMAL SCIENCE

```
Y S Z T E T S C E A O M S L H
Y U S K R T R S B D K U F D L
S R Z U R I E I K A R S W J E
S U H N R A C P L U J O U H L
U A K T K U J E A O O X T L E
C S T K O S A S R L B O T C P
O O P W A L O S L A O I A W H
D N Z S V G S Y O T T V T N A
O N P X E P M T R L E O N E N
L A Z T K A T E N B Y E P U T
P R S E M M B T E A S K W S B
I Y Q M E A C A W A I F N Q I
D T O K S Z R D O D O G N A R
F T K L Y T C A D O R E T P D
H V E L O C I R A P T O R H B
```

ANKYLOSAURUS

CAVE BEAR

DIPLODOCUS

DODO

ELEPHANT BIRD

GIANT SLOTH

MOA

PTERODACTYL

SABERTOOTH

STEGOSAURUS

TRICERATOPS

TRILOBITE

TYRANNOSAURUS

VELOCIRAPTOR

WOOLLY MAMMOTH

HAWAII

```
O L J D A E H D N O M A I D P
Z X P W C B X H G X H C Y E A
S G N X U R W L N U E E A W C
E E R E I L E B E T V R H A H
L L T A N E D C A V L Y C I O
P E O R S E L T N H R U N K N
P L F G W S S L A A A G X I O
A U S N Z A S R E U D Q H K L
E K H G H E B K L A K A K I U
N U K O W O J F I S C A L V L
I E L K R Y I O P R C L H U U
P A H Y R Z K O M X T A Y O H
Z S U R F I N G C I N S N R N
H U N M A U N A K E A I N B Z
R S X T Y N M L M B A T Y E U
```

ALOHA STATE	NENE
DIAMOND HEAD	PEARL HARBOR
GRASS SKIRTS	PINEAPPLES
HONOLULU	POI
HULA DANCER	SURFING
LEI	UKULELE
LUAU	WAIKIKI
MAUNA KEA	

FOOTBALL

4TH GRADE · PHYS ED

```
V O F B S T S O P L A O G K V
V S F U L L B A C K Q U N Y U
J A D E L K C A T U Q L W T Q
G X S W K G K I O Y A E O E P
Q R R U M A F C E O M E D F C
U D D E C T K O G D X L T A O
A Y H X V S O D F T G G S S A
R L V O N I L U R F E I R F C
T Y V C P E E A C N O J I U H
E B Y P I P P C O H R K F Z C
R E A F U O H Z E D D Q C I Y
B R C N I C D L Y R W O C I C
A Z T N T N F J N L Y A W I K
C Z T I E L I N E M E N I N I
K W V I W G A I E B Z Y J O X
```

COACH

END ZONE

EXTRA POINT

FIELD GOAL

FIRST DOWN

FULLBACK

GOALPOSTS

KICKOFF

LINEMEN

PUNT

QUARTERBACK

RECEIVER

SAFETY

TACKLE

TOUCHDOWN

HOMONYMS

```
C B B C E L L S E L L F H E G
E N O R M G V R G I H W Y U C
N E W D E K E E L K A E L O K
T I B E M E X D E E G G R W W
S L O E C A S I E E U E H W E
C N U S N H G R K E C D G D D
E A G E N D I C A O R I W E B
N E H D D G O L R E H D Y E Q
T L A E Y L S P E L S D E N D
G A W C B M S M H C E C N A S
E L A C I G I Q P I H J X L R
P Z O R H H C F D L T I K A G
C L Z B E Z A D S Y A D L W D
B Z L H C A S T C A S T E L E
Y T Z P F A T P Q J D R U H Y
```

BLOC BLOCK	DAYS DAZE
BOW BOUGH	DEER DEAR
CAST CASTE	DEW DUE
CEDE SEED	DIE DYE
CELL SELL	LEAK LEEK
CENT SCENT	LEAN LIEN
CHILE CHILLY	SEAR SEER
CORE CORPS	

MUSICAL TERMS

```
A N Y A G H Z T S S M V L E Y
T V A Q D U D C S F T M H J N
R E L X H R S Y E D Z A U H N
E T R W O H U L C Z I J L Y U
B R I H A N C R Z D P L I F I
L O C R J S E R Y S P O M E J
E F P O S S E T O N E L O H W
C S H A C D O M G M Y W H I L
L F B E S O O T E Z X U K V O
E L N W V G E C A A E L V M R
F D W J V W N C T C S V I I G
O N L W Y Y U B P A C U P C E
A R P E G G I O Q M V A R H L
W C O D A B F F A T S E T E L
I B B C D J O W M F V G D S A
```

ALLEGRO	MEASURE
ARPEGGIO	OCTAVE
BASS CLEF	SHARPS
CHORD	STACCATO
CODA	STAFF
CRESCENDO	TREBLE CLEF
FLATS	WHOLE NOTE
FORTE	

PLAYWRIGHTS

4TH GRADE ▪ ENGLISH

```
N E S B I K I R N E H A P D H
L E W S Q T Y L X W S I K Q B
L R O D H E G O W A H S L R E
I Y L B W A L V B F G W E J D
E W L O S P K P N L P L H N W
N N E S M A L E S W L Y O U A
O E D T G V R N S I O T M K R
E I N E T K C O M P R T P T D
N L A D W J X R Y O E K O X A
E S R O B A U L E A C A R S L
G I I R U H H O Y U N Y R L B
U M P J T D J U Q H O M W E E
E O Z R W B E C K E T T D Q E
X N A S E A N O C A S E Y I T
N I N G E E D L I W R A C S O
```

ARTHUR MILLER   ODETS

BECKETT   OSCAR WILDE

EDWARD ALBEE   PIRANDELLO

EUGENE O'NEILL   SAROYAN

HENRIK IBSEN   SEAN O'CASEY

INGE   SHAKESPEARE

JOE ORTON   SHAW

NEIL SIMON

Are You Smarter Than A 5th Grader?

SOCCER

4TH GRADE · PHYS ED

```
L P Q Q N N H E A D E R G Z T
A L G W H I B Z T W P C M F T
F K N S Q F W L U S Z S W P I
O C W H G W A O B P O N Y F K
R A H Q I Y W P R C W E R C D
W B I H C A E O C H C N I N R
A L S X R C C E R O T K I C A
R L T O F E R C F L R O R N C
D U L J Q B K F L E D E P U D
H F E B A Q S I N G T C R B E
B Q O L X I Y R R N O L U J R
Q R L R D U O K E T X A N P Y
U Y Y E B C G C N F S Z L X E
R W H M I D F I E L D E R I L
X X O O A T U O T O O H S G E
```

CENTER

CORNER KICK

FORWARD

FULLBACK

GOALIE

HEADER

MIDFIELDER

OFFSIDE

RED CARD

SHOOTOUT

SOCCER BALL

STRIKER

THROW-IN

WHISTLE

WORLD CUP

SPELLING BEE

```
E D J Z R V O Y C E V Q C U G
S L G H C E M E T E R Y I H P
K J B P D Z B A E A O O Y K S
M T N I E L B A T P E C C A W
K R J L T I D Y E R I U Q C A
N B Z L H C B A A C C R L S T
R B F E S J E J I O V E S N Y
J M K B M S S L M Q T M E L G
P P D B A X A M L A U M S E R
C V T M E C I R L O U I X E A
O O H U C T Q U A G C C R N T
L Y B D T T C U R H E L A I E
U J H E J O R A I E M B I S F
M N D U N A S P D T T Z L S U
N G F I B E L L W E T H E R L
```

ACCEPTABLE

ACQUIRE

ACQUIT

ARGUMENT

BELLWETHER

CEMETERY

COLLECTIBLE

COLUMN

COMMITTED

DAIQUIRI

DUMBBELL

EXCEED

GRATEFUL

HARASS

INOCULATE

RIVERS

```
R W X I X O Q G U E I E Y W U
W S U A U Z W N S X C I Z W V
M K M R I E B L O N C M F E O
M M I I Y B S R E K G R H D M
N I X Q S O M R A C U P S N T
W S W J I S W U O Z E Y N A D
P S W H O A I L L C O W I R Q
O O O U L R O S O O V S V G Y
T U O T C R U S S G C E U O K
O R S R A V R Y Y I C K A I Y
M I A D Y Q G D T G P W Z R Y
A P O Q E T T A L P G P L L Y
C E E S S E N N E T U B I Z K
N S X S A N J O A Q U I N U S
W H O U H A R K A N S A S H O
```

ARKANSAS

BRAZOS

COLORADO

COLUMBIA

MISSISSIPPI

MISSOURI

OHIO

PECOS

PLATTE

POTOMAC

RIO GRANDE

SAN JOAQUIN

ST. LAWRENCE

TENNESSEE

YUKON

UNDER THE SEA

4TH GRADE ▪ LIFE SCIENCE

```
N R A L L O D D N A S C Y F C
E X M F E S U R L A W O U X F
L B L H E R R I N G Y R P K E
A S O A X M F M N X H A J Q R
H S L C M Q N I P S S L J T E
W E J G S P H E I I W R N K D
E A Y L U P R F H I H E N H N
U L H X L Z D E S A H E H P U
L I M O G R S G Y H L F V E O
B O D Y O U O F T E A I S B L
T N L W P I T J S S E R B Y F
S T S O D E Y H S Z Q L K U J
V N T E S Z D C Y T B Z M C T
K C G S T I N G R A Y S G U Y
O R E T S B O L M P L R J S K
```

BLUE WHALE

CORAL REEF

DOLPHIN

FLOUNDER

HALIBUT

HERRING

LAMPREY EEL

LOBSTER

OCTOPUS

SAND DOLLAR

SEA LION

SHARK

STINGRAY

SWORDFISH

WALRUS

Are You Smarter Than A 5th Grader?

UNIVERSITIES (A–M)

4TH GRADE ▪ SOCIAL STUDIES

```
N N Z B R I G H A M Y O U N G
M B J U Q H G I H E L F Z Y S
B I R T U C I T C E N N O C F
D X C O K J G H D N F S G Q R
V H X H W I Y P R K N R O W G
N W T E I N Y Q V I E U G E E
L D C U U G Y K K L C N I T O
L T R F O M A P L O W F Q T R
E M F A H M O N L J O D N E G
N Q M K V H T U S R T U B U E
R X P O S R M R D T X K S Q T
O X K N L B A H A G A E Y R O
C F H N I U A H P D M T Z A W
D O R A T M P Y N X G X E M N
J R I A D U W C L E M S O N I
```

BRIGHAM YOUNG
BROWN
CLEMSON
COLUMBIA
CONNECTICUT
CORNELL
DARTMOUTH
DUKE

FORDHAM
GEORGETOWN
HARVARD
JOHNS HOPKINS
LEHIGH
MARQUETTE
MICHIGAN STATE

UNIVERSITIES (N–Z)

4TH GRADE ▪ SOCIAL STUDIES

```
N H E J E V E A R A Z U C V C
B O C S J E P U P U R D U E K
O H R E U E N I D R E P P E P
E E M T T C O W D R Q E Q D A
M T G V H A A H K R E K B L S
A S B A A W I R I B E C C P F
D E F N N N E N Y O K U I X T
E R T D K C P S I S S G E R S
R O U E Z H O M T G U T M I O
T F L R U U A X Y E R T A B H
O E A B N T N T O N R I R T N
N K N I O F R A K B E N V S E
O A E L P R I N C E T O N U F
F W Y T P E U S T A N F O R D
R Y M E T A T S N N E P L B O
```

NORTHWESTERN   STANFORD
NOTRE DAME   SYRACUSE
OHIO STATE   TULANE
PENN STATE   UCLA
PEPPERDINE   VANDERBILT
PRINCETON   VIRGINIA TECH
PURDUE   WAKE FOREST
RICE

ANTONYMS

```
M E X Z X H I C U J G E S W A
Z Z T H G I N L D Z V N G D Y
X W P R S A D U G A X Q I H M
B R W I Z S O K Z H X N H U O
K S J G L S K I N N Y N V S R
U X Q H D O S H A R P F D G N
C S P T O I T A Y T S R O W I
S Z T C W K F D K W A M T H N
K N E M A A O F A Y O G F K G
V U E C Y O L U I T W Y T G E
S D W P G J D M T C P R G T A
D L S V C N X O I P U T E H R
H O Q S C E B J A N B L D G V
U C A F E W J H M H U J T I O
T I C U E E T A H Y O S M L I
```

Find the antonyms of these words in the puzzle.

HOT (4)	EASY (9)
LOVE (4)	SOUR (5)
BAD (4)	DULL (5)
DAY (5)	SAD (5)
LEFT (5)	BEST (5)
DARK (5)	TOP (6)
FAT (6)	PLUS (5)
NIGHT (7)	

GOLF

```
N C Z A A F T V Z M Z F Y I Z
Z P E N O N I E L O H P Q E T
R J O V R T M S M I G R E E N
V O W E P D A P G R T F W M I
B G U O I N S S E F H Q O R V
N D N G D D N T S F Z T O C S
C D L T H O R H N O F L D I Y
Q W R S R A Z I I E Q Q S P Z
L A D I D U Y M B E T E X U O
P N O W M B U R M T I X T T G
X J Q H I H U K E D J I N T W
Z G F X H K B N D V Z T L E P
E L G A E A Z A K L I N Z R V
V L X B X T C E L E U R B X Y
G O L F B A L L J H R V D N B
```

Unscramble the words and circle them in the puzzle.

BIEDRI

RKEBNU

CIDEAD

VERRID

EEAGL

FOLG LBLA

REEGN

EHOL NI NOE

ISORN

ONPD

RETUPT

HGURO

NDSA RPTA

ETE FFO

DSWOO

HOMONYMS

```
T V B L Y T B I J S F K A P W
W E D I V G T M I E N P R U X
F Q C Y R O M S T I H A U R C
Y W M E N T A W G V B N O I S
R F E K E B H H A Q P T L T Y
X I T A S R T B Q B L A F E F
O O E K N G Q E V K U R R E L
N J S H I W M E H R J N E I L
F A Z G R V E S S I T T W G W
B S H N Z I P E A A R H O H A
W T H F P G A T K M E R L T B
A H O L Y W H O L L Y R F E L
M H W E L B E U L B R T G G L
S K B U T B U T T C C I V W A
P X E L L E B L L E B W E B B
```

AIR HEIR	FLOWER FLOUR
ANT AUNT	GREASE GREECE
BALL BAWL	HOLY WHOLLY
BASES BASIS	KNIGHT NIGHT
BELL BELLE	NOT KNOT
BIRTH BERTH	RITE RIGHT
BLUE BLEW	WEAK WEEK
BUT BUTT	

LOG ON

```
O  X  K  D  E  V  I  R  D  D  R  A  H  P  T
T  Q  X  S  V  D  Y  E  M  O  N  I  T  O  R
V  F  B  T  H  R  K  S  O  F  T  W  A  R  E
V  U  I  G  X  A  Z  C  H  H  C  H  G  R  S
X  V  S  Y  T  O  X  A  O  E  Z  N  J  Z  E
H  D  B  F  N  B  G  R  J  L  I  M  J  M  P
A  N  O  W  E  Y  I  M  E  F  S  T  Z  O  B
R  M  B  W  C  E  O  D  R  T  C  P  T  H  I
D  O  G  K  N  K  X  U  E  U  N  P  A  N  Y
W  U  P  U  F  L  S  I  R  L  A  E  T  C  Q
A  S  Y  G  B  B  O  S  D  L  E  E  E  R  A
R  E  J  J  E  A  O  A  R  Y  R  T  Z  T  J
E  E  X  W  S  R  N  A  D  N  F  A  E  T  G
E  Z  H  Z  L  S  I  Y  E  F  Q  B  K  V  A
Y  Y  W  Y  R  C  J  T  M  Q  L  I  A  M  E
```

CAPS LOCK	INTERNET
CURSOR	KEYBOARD
DELETE	LAPTOP
DOWNLOAD	MONITOR
E-MAIL	MOUSE
ENTER	SOFTWARE
HARD DRIVE	WEB SURFING
HARDWARE	

NATIVE AMERICANS

```
V K A T N I X L N F R O I L K
O C O M A N C H E A M F W H N
L X L N A G E H O M V E N Y C
B I L N D A L C Z C E A R P H
E R M Z Q O D X H K W D J S O
U W D T G S X I O E E D E O C
P Y H O C C I R E S Y O S F T
C H U O J N E O I N E E S T A
H W H F G H H O U H O E N C W
I A V K C G U Z C Q M Q G N G
P U W C Q X F A S I O H U B E
P S O A V S P A N L E R F Y B
E P E L J A X O Z M K P I I S
W C G B L D L M S K W A H O M
A E D G V E W H M J O F Q C S
```

APACHE

BLACKFOOT

CHEROKEE

CHEYENNE

CHIPPEWA

CHOCTAW

COMANCHE

IROQUOIS

MOHAWK

MOHEGAN

NAVAJO

ONEIDA

PUEBLO

SEMINOLE

SIOUX

POETS

```
E T W S Y L V I A P L A T H K
Q C Q X C Z S O X C V Y W T B
N O S N I K C I D Q C A J T U
S N Q P R K H T J A H S S U R
H I P K A V I B N A U O O U N
A E G W M S J P D D R D T O S
K L W C H H T U L F B O C L A
E A X D Y I R E T I I E A E M
S D O N D E T R R L N T K G Y
P S C H N B E M E N F G M N L
E A Q O H B U S A Y A P I A O
A E N E O L T M O N D K O A W
R T M R O G D E N N A S H Y E
E P V J I N W V Z F M E J A L
S G N I M M U C E E U Q N M L
```

AMY LOWELL   PASTERNAK
BURNS   ROBERT FROST
DICKINSON   SHAKESPEARE
E. E. CUMMINGS   SYLVIA PLATH
KIPLING   T. S. ELIOT
MAYA ANGELOU   TEASDALE
NERUDA   WHITMAN
OGDEN NASH

SQUARE DEALS

5TH GRADE ▪ MATH

T	F	O	U	R	X	S	T	E	I	G
W	H	E	L	E	U	E	F	I	N	I
E	T	O	E	L	E	V	E	N	F	V
L	W	E	S	V	E	E	V	H	I	V
V	E	E	I	I	E	N	D	U	V	E
E	O	N	E	G	X	G	N	N	E	L
I	S	H	T	T	H	T	E	I	F	E
E	E	U	W	W	E	T	E	E	N	S
I	V	N	E	E	E	L	E	E	E	E
G	H	U	N	D	R	E	D	U	N	E
E	E	E	I	G	V	N	T	W	E	N

SQUARE ROOT OF:
1) 144 = _____
2) 64 = _____
3) 25 = _____
4) 49 = _____
5) 121 = _____

SQUARES:
6) 1^2 = _____
7) 2^2 = _____
8) 3^2 = _____
9) 4^2 = _____
10) 10^2 = _____

MIXED-UP STATES

5TH GRADE ▪ U.S. GEOGRAPHY

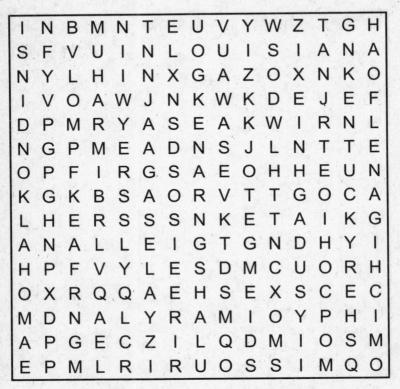

Unscramble the words and circle them in the puzzle.

KAASSN

CEUTKNKY

UAAIONISL

ANMEI

AANRDYML

CMIGIAHN

NMITAEOSN

ISISMPIISPS

UIOSRIMS

BKAENSAR

VEAAND

NEEYREWJS

OOIH

AOKHOAML

GEONOR

Are You Smarter Than A 5th Grader?

SYNONYMS

```
G X S X F U C Z G R G H L P F
E X U X R B L U N T P C E D G
F C M F E I R Y E V I L R C P
X Z M R E N M I D D L E D L L
K S I I Z Q F X A V J S S O U
I T T E I U D L G B K D A S M
G C E N N I F F E N E M Y E P
C P L D G R I F Y Z Y Q N N O
M P A E Y E S X U L E I H G U
T P R D Q T C L I T T L E C H
I K G G B E A U T I F U L K R
P P E C O N C E A L Z X X S M
U Z J N X F M H L V P U X V U
S W A M P A M F H I F C N U Y
Y G B O E I E P Y N S L O J K
```

Circle the synonyms of these words in the puzzle.

COLD (8)	FOE (5)
HIDE (7)	PAL (6)
BAD (4)	DULL (5)
BIG (5)	SMALL (6)
CENTER (6)	PRETTY (9)
NEAR (5)	TOP (6)
FAT (5)	MARSH (5)
ASK (7)	

COUNTRY CAPITALS

```
Z Y I M N I L R E B P E E C M
I R E I I P B B S S N E H T A
R U E K I A U C E L M R K F M
H P S B P R E W A I O A H M O
I M E N P I N P H I J N T C Z
B A E S Q S O W B X R I D T V
B D T H X N S D Y F P O N O I
T R W F I T A U T O K Y O G N
F I H L Z E I M O S C O W A M
P D B I M J R Z B F M Q I S A
F U N O B F E I N T K M F W Z
D J R T W L S C H Z D L A P F
N E G A H N E P O C B T J T L
X S T O C K H O L M T O F J V
W Q R C X H B H S O I B K J T
```

Circle the capitals of these countries in the puzzle.

GREECE   SPAIN
CHINA   RUSSIA
GERMANY   CANADA
EGYPT   FRANCE
DENMARK   ARGENTINA
SWEDEN   JAPAN
IRELAND   ITALY
UNITED KINGDOM

ANSWERS

AT THE ZOO
1st Grade Animal Science

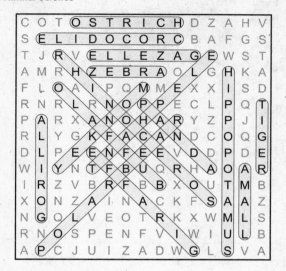

BIG NUMBERS
1st Grade Math

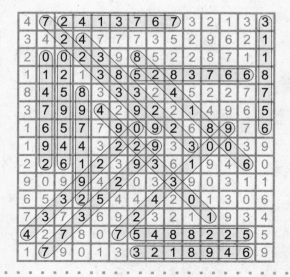

CRAYON COLORS
1st Grade Art

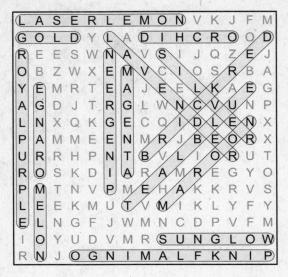

DOUBLE UP
1st Grade Math

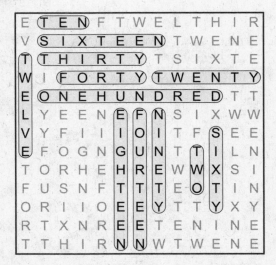

FLOWERS
1st Grade Plant Science

HALLOWEEN
1st Grade Spelling

HOLIDAYS
1st Grade Social Studies

INSTRUMENTS
1st Grade Music

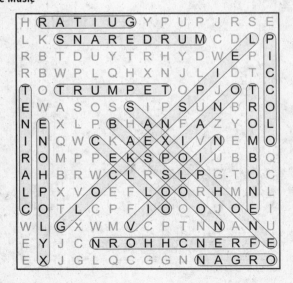

PRESENTS
1st Grade History

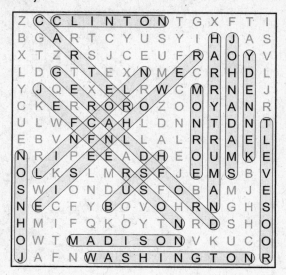

SPORTS
1st Grade Phys Ed

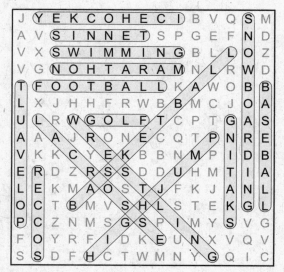

TICK-TOCK
1st Grade Time and Dates

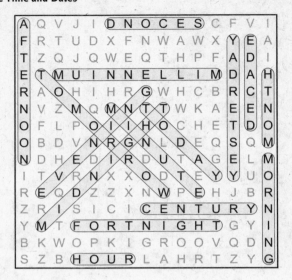

BIRDS
1st Grade Animal Science

WHAT AM I?
1st Grade Animal Science

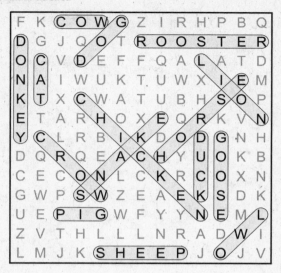

ADDITION
2nd Grade Math

BASEBALL
2nd Grade Phys Ed

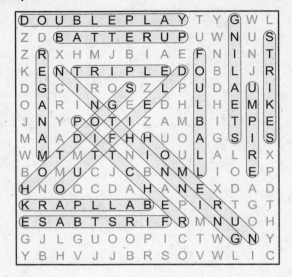

CATS
2nd Grade Animal Science

DO THE MATH
2nd Grade Math

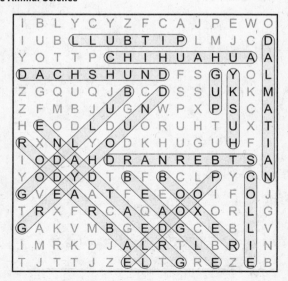

DOGS
2nd Grade Animal Science

EUROPE
2nd Grade World Geography

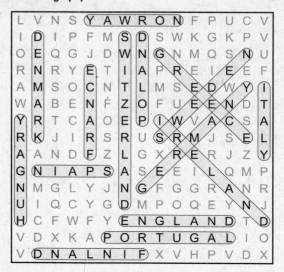

OUTER SPACE
2nd Grade Earth Science

INVENTORS
2nd Grade History

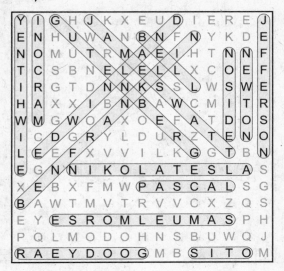

NUMBER CRUNCHING
2nd Grade Math

SPELLING BEE
2nd Grade Spelling

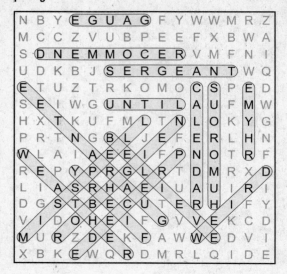

STATES
2nd Grade U.S. Geography

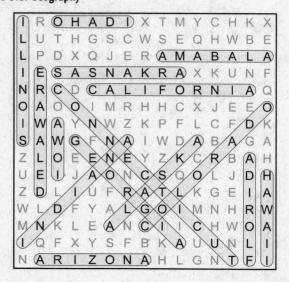

SUBTRACTION
2nd Grade Math

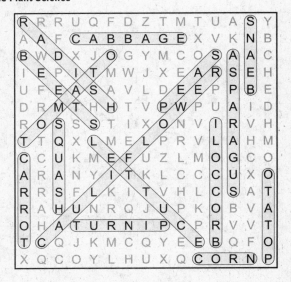

VEGGIES
2nd Grade Plant Science

COMPOSERS
3rd Grade Music

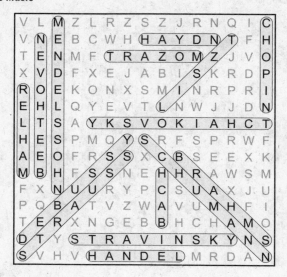

DO MORE MATH
3rd Grade Math

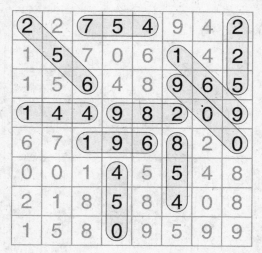

FRUIT SALAD
3rd Grade Plant Science

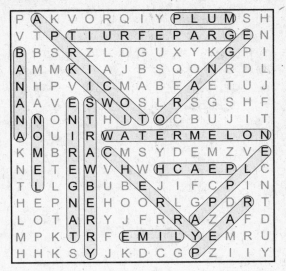

GRAMMAR TERMS
3rd Grade Grammar

BASKETBALL
3rd Grade Phys Ed

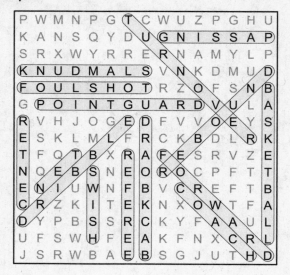

LANDMARKS
3rd Grade Social Studies

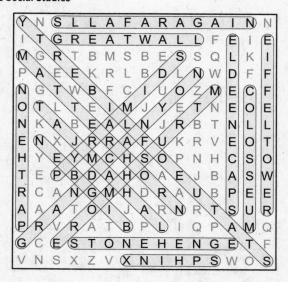

PAINTERS
3rd Grade Art

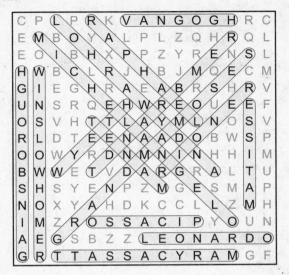

SPELLING BEE
3rd Grade Spelling

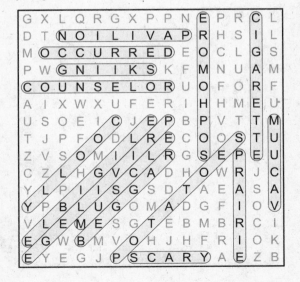

U.S. AUTHORS
3rd Grade English

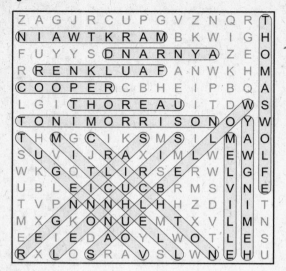

WEATHER
3rd Grade Earth Science

WONDERLAND
3rd Grade Literature

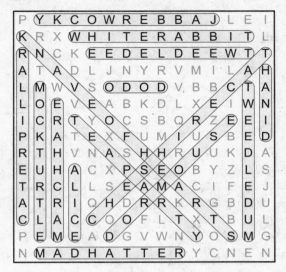

CIVIL WAR
4th Grade U.S. History

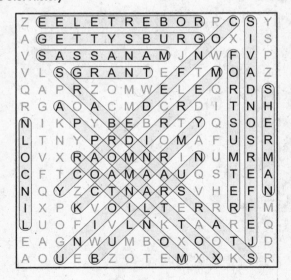

EXTINCT ANIMALS
4th Grade Animal Science

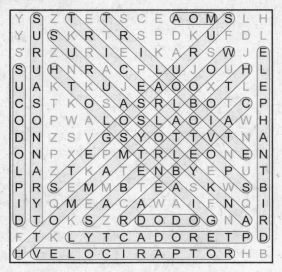

HAWAII
4th Grade U.S. Geography

FOOTBALL
4th Grade Phys Ed

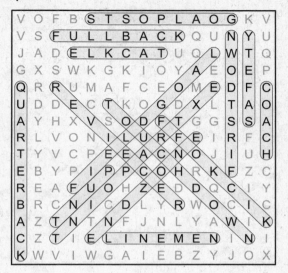

HOMONYMS
4th Grade Grammar

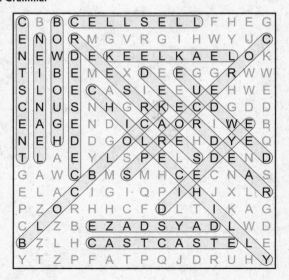

MUSICAL TERMS
4th Grade Music

PLAYWRIGHTS
4th Grade English

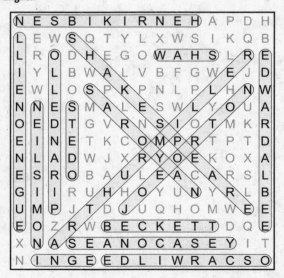

SOCCER
4th Grade Phys Ed

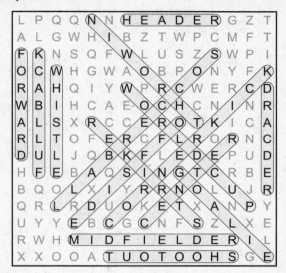

SPELLING BEE
4th Grade Spelling

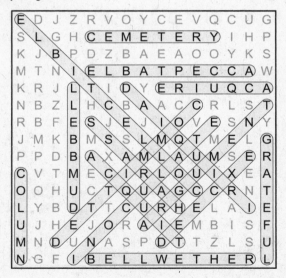

RIVERS
4th Grade U.S. Geography

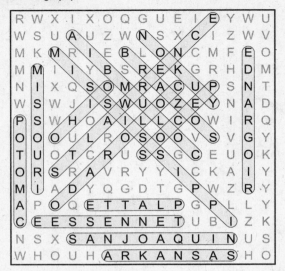

UNDER THE SEA
4th Grade Life Science

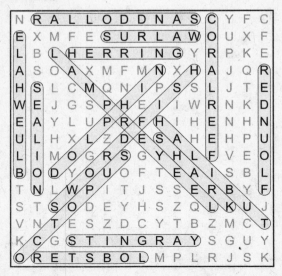

UNIVERSITIES A–M
4th Grade Social Studies

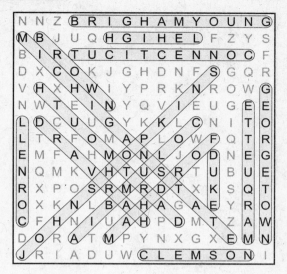

UNIVERSITIES N–Z
4th Grade Social Studies

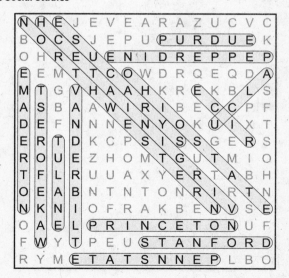

ANTONYMS
5th Grade Grammar

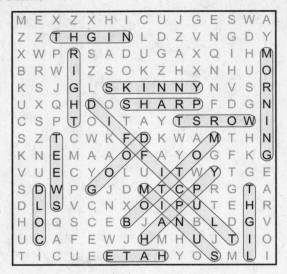

GOLF
5th Grade Phys Ed

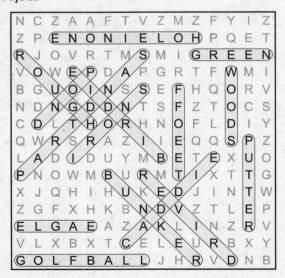

HOMONYMS
5th Grade Grammar

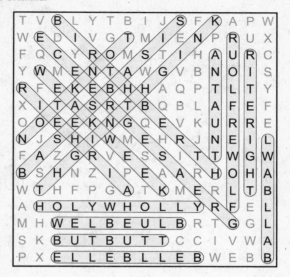

LOG ON
5th Grade Computer Science

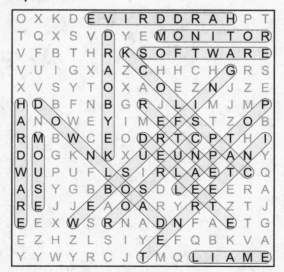

NATIVE AMERICANS
5th Grade U.S. History

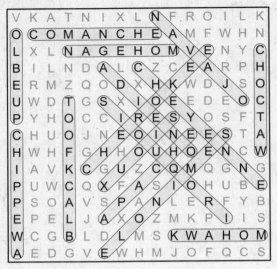

POETS
5th Grade English

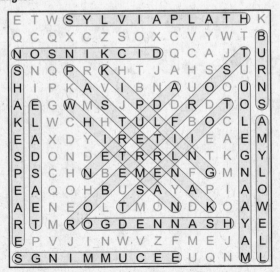

SQUARE DEALS
5th Grade Math

MIXED-UP STATES
5th Grade Geography

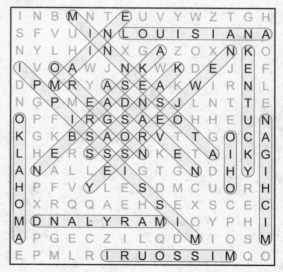

SYNONYMS
5th Grade Grammar

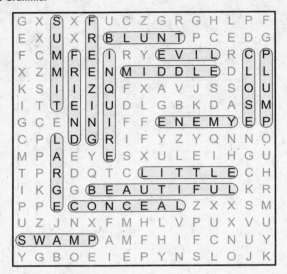

COUNTRY CAPITALS
5th Grade World Geography

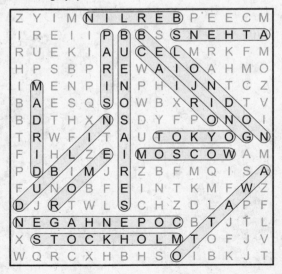

About the Author

JOHN SAMSON has been creating crosswords and puzzles for more than twenty years. His crosswords have appeared in the *New York Times*, *Golf Digest*, A&E's *Biography* magazine, *PC Magazine*, and *Hemispheres*—the in-flight magazine of United Airlines.

In the past, Samson has been asked to create special crosswords for Frank Sinatra, Harry Connick Jr., Lee Iacocca, Dyan Cannon, John Cleese, and others. He has also constructed crosswords for MasterCard, Deloitte & Touche, Dun & Bradstreet, Keebler, HBO, Blockbuster, Carnival Cruise Lines, and the H.J. Heinz Company.

ARE YOU SMARTER THAN A 5TH GRADER? HERE ARE THREE CHANCES TO PROVE IT!

ARE YOU SMARTER THAN A 5TH GRADER?
The Play-at-Home Companion Book to the Hit TV Show!

ISBN 978-0-06-147306-7 (paperback)

If you're like many of the contestants on the smash hit TV show hosted by Jeff Foxworthy, you may have forgotten more about the 3 Rs than you realize . . . or you may have simply never learned some of these things in the first place! Now, with the help of this book, you can remember all that escapes your memory, discover all that you may have missed in school, or prove just how smart you were then and now!

ARE YOU SMARTER THAN A 5TH GRADER? CROSSWORD PUZZLES

ISBN 978-0-06-165156-4 (paperback)

How much do you really remember about about third grade math? Fourth grade social studies? Fifth grade science? Or even first grade spelling? Challenge yourself and others: test your mettle against the curriculum of grade-school kids in this cool collection of crossword puzzles.

ARE YOU SMARTER THAN A 5TH GRADER? WORD SEARCH

ISBN 978-0-06-165155-7 (paperback)

For adults and children who are fans of the hit TV show, knowing the right answers is not enough— now fans must find the answers on the word search grid too!